www.ingramcontent.com/pod-product-compliance
Lightning Source LLC
Chambersburg PA
CBHW030114240426
43673CB00002B/78
* 9 7 8 1 9 5 8 1 2 0 0 0 2 *